Lb 517.

LE

DERNIER EFFORT

DE

LA FRANCE.

Ab aquilone omne malum.

NANCY,

Typographie, Librairie et Lithographie de NICOLAS,
Passage du Casino.

—

1848.

LE
DERNIER EFFORT
DE
LA FRANCE.

Ab aquilone omne malum.

NANCY,

Typographie, Librairie et Lithographie de NICOLAS,
Passage du Casino.

1848.

AMIS ET CONCITOYENS.

Depuis que le signal de l'émancipation du monde
a été donné, nos devoirs sont devenus plus grands,
plus difficiles et aussi plus saints : ils ne consistent
pas seulement à secouer la torpeur qui nous oppri-
mait, à nous rapprocher les uns des autres, à con-
courir au maintien de l'ordre, et à alléger les charges
que la patrie supporte ; ils consistent encore à réunir
nos intelligences, pour opposer la force de nos con-
victions et de nos lumières aux tentatives de l'esprit
du mal vaincu ; nous avons besoin de la plus grande
vigilance pour déjouer ses embûches, car il va de
nouveau se glisser parmi nous ; et pour dissimuler
ses mensonges et son hypocrisie, prendre une voix
amie et un visage fraternel.

C'est donc pour obéir à la sainteté de nos devoirs,
que je me permets, connaissant néanmoins mon
humilité, de venir avec vous examiner le mouvement qui nous a saisis comme un coup de foudre
dans un ciel calme.

1848

— Depuis soixante ans disait une feuille dynas-
tique, nous cherchons une forme de gouvernement
qui nous convienne, et toujours, après avoir cru
trouver, nous sommes obligés de recommencer nos
recherches.

Il n'y a dans ce fait complexe rien qui puisse faire
peser sur notre patrie un reproche de légèreté ou
d'inconstance ; car les divers règnes qui viennent
de se succéder depuis un demi-siècle, ont chacun
leur légitimité, leur raison d'être ; ils étaient néces-
saires, on pourrait même dire qu'ils étaient marqués
du doigt de Dieu : ils représentent en effet les différentes périodes d'une même évolution ; ils sont
comme des temps d'arrêt pendant lesquels la nation
se recueillait pour compléter ses idées et sa force,
comme les différents mois de l'année qui agissent
tour à tour sur la terre pour développer sa fécondité
et sa puissance.

— Seulement, si ces périodes ont eu des jours de
violence, de mauvais moments, ils viennent de l'opi-
niâtre impiété de ceux qui se trouvaient chargés de
leur direction ; les lois qu'impose l'injustice excitent
toujours la réaction de la colère ; et ce sont ces lois
elles-mêmes, qui ont été promulguées depuis 50 ans
avec toutes les apparences de la sagesse et de la vérité.

Etait-il juste, dans ces derniers temps, qu'un roi

mît sa couronne et l'avenir de sa race sous la protection de l'esprit calculateur et égoïste des banquiers étrangers, et trafiquât de la gloire et du génie de son peuple ? était-il juste qu'un parti arrogant et menteur gouvernât arbitrairement la France, falsifiât les institutions démocratiques qui avaient déjà pris racine dans son sein, et fît de ces sauvegardes du peuple un moyen d'action, d'autorité et d'accaparement ? les municipalités, ces premiers germes, ces premiers soutiens de la liberté, n'étaient-elles pas déjà détruites, puisqu'en elles on avait déjà fait périr l'esprit ?

Etait-il juste que l'argent fût le distributeur de la vertu, de la moralité, du bonheur, et même de la science et des talents ? était-il juste qu'en même temps, il se concentrât chaque jour plus dans les mains d'un petit nombre, et qu'au dessous de ces privilégiés, les inférieurs restassent délaissés et dénués ?

Cela n'était pas juste ; cela était impie, sacrilége et faisait saigner les cœurs généreux.

Eh bien ! ceux qui ont détruit cette impiété, n'ont-ils pas commis une chose sainte ; et la nation qui veut l'effacer de la terre, ne peut-elle pas s'écrier comme au temps des croisades : Dieu le veut, Dieu le veut !

Mais quelle était donc la puissance du système passé , pour accomplir et légaliser un pareil contre-sens , et le faire passer dans les veines de la nation comme un principe naturel ?

Ce moyen, cette puissance , c'était l'argent du peuple ; les sueurs du pauvre servaient comme l'or du riche à consommer ce grand scandale.

On épuisait le trésor public au profit des fonc-tionnaires , et leur nombre tendait à s'élever sans cesse , à tout envahir ; et cette fonctionomanie , espèce de vampire aux mille bouches, attachée au cœur de la France, se gonflant toujours par les incita-tions d'un goût effrené aux fonctions publiques , en-laçait toutes les volontés et comprimait toutes les in-tentions généreuses; il arrivait ainsi qu'à la place des mœurs naturelles et du tempérament naturel de la France, surgissaient des mœurs factices et un tempé-rament de convention ; l'adoration du *moi* devenait le seul caractère saillant de chaque individu , et les sociétés d'admiration mutuelle, les seules associations de Fraternité.

Encore si tous avaient pu participer à cette soif de gouverner ; mais non , elle n'était permise qu'à un petit nombre d'élus ; et ces élus ressemblaient déjà aux prétoriens de Rome païenne ; ils étaient les distributeurs et les gardiens turbulents du pouvoir, et déjà comme eux, ils nous conduisaient sur la pente ou glissa la capitale du monde barbare.

Mais vous dites qu'il faut bien que le pouvoir appartienne à quelques-uns. Non, cela ne doit plus être, de par le droit éternel ; car avoir la puissance en mains à l'exclusion des autres, c'est jouir de la liberté, de la vérité, de la vie, en un mot seulement pour soi, et d'une façon telle, qu'on ne donne aux autres que ce que l'on veut de liberté, de vérité et de vitalité. Voilà pourquoi les exclus du pouvoir, les déshérités menacent de s'étioler dans l'amertume de toutes les mauvaises passions, de descendre encore bien au-dessous de leur niveau normal, à cause de l'abaissement des mœurs publiques et de la nation elle-même, et puis parce que la vie ne leur a été accordée qu'avec une parcimonie dédaigneuse.

Qu'arriverait-il en effet si une portion du globe, pouvait absorber pour elle seule, la presque totalité de l'atmosphère et des rayons du soleil, le reste ne retomberait-il pas dans les déserts d'une nuit affreuse? Le soleil et l'air appartiennent donc à tous de même que la vérité ; ce soleil du monde moral forme le domaine de tous. Mais il n'y a point de vérité sans liberté, comme il n'y a point de liberté sans vérité, puisque la liberté, c'est la vérité dans le développement de chaque individu, de chaque famille, de chaque nation ; or, puisqu'ainsi la vérité est le domaine ou plutôt le devoir de tous, qu'elle ne peut-être monopolisée, et qu'il lui faut également le pouvoir de s'imposer, de se faire respecter et de s'accomplir; le pouvoir, ou la puissance forme donc aussi le domaine de tous ; tous doivent donc participer à la puissance gouvernementale, puisque son but c'est le développement libre et vrai de la nation en général, et de chaque citoyen en particulier.

C'est cette vérité, qui fait tressaillir depuis 50 ans, plus ou moins vaguement le cœur des hommes ; c'est vers son accomplissement que nous conduisent les différentes formes de la politique, et celle qui le réalisera au plus haut degré ; c'est la forme appelée républicaine ou le gouvernement de tous, par tous.

Saluons sa venue de nos acclamations unanimes.

A ce mot de République, les fronts s'assombrissent, l'on répète à voix basse qu'elle nous amène la guerre ; pour répondre à ce soupçon et le dissiper, il est nécessaire d'examiner si le règne passé nous affranchissait bien de ce fléau, et si plutôt il ne l'éloignait pas pour rendre dans l'avenir sa venue non seulement probable, mais certaine et fatale, pour l'allumer non pas loin de nos foyers, mais à nos portes.

En donnant la main à M. de Metternich, en faisant avec lui un échange de faveurs, que faisait M. Guizot? il remplaçait la politique naturelle de la France, par une politique astucieuse, machiavélique, antipathique à l'esprit et à l'histoire des français ; il nous faisait abdiquer notre rôle, nos fonctions, notre activité normale au milieu du système européen, ils nous forçait d'accepter quand même tous les actes de l'Autriche, et par conséquent ceux aussi de ses alliés ; de sorte qu'il nous séparait de la Suisse, de la Sardaigne, de l'Italie, et même de la papauté, cette grande suprématie morale ; et après nous avoir ainsi coupé bras et jambes, ils nous jetait dans l'isolement, sans initiative, sans influence, à l'extrémité de l'Europe ; et comme une planète éteinte, la France allait être condamnée à n'avoir plus d'autre mouvement, qu'un mouvement de rotation sur elle-même.

Nous laissait-il au moins dans cette situation l'espérance d'une paix éternelle, pas davantage. En effet, cette renontiation de la France, pouvait-elle empêcher que la Suisse ne fît l'expulsion des passions ennemies et aveugles qui se trouvaient être de trop chez elle, que la conduite du pape ne fût en hostilité avec l'intérêt autrichien, que la Sardaigne ne se déclarât le champion du pape, que le roi de

Naples ne fit la guerre à ses sujets? non, tous ces événements se sont produits d'eux-mêmes : leur maturité seule les a mis au jour, ils n'ont reçu l'impulsion de personne, et nous ne pouvions pas les arrêter ; pouvions-nous empêcher davantage qu'ils n'allumassent dans les cabinets de Vienne et de St-Pétersbourg, des sentiments de colère et de vengeance, et le dessein, fermement arrêté dans ces deux capitales, d'intervenir et de régler les débats par la force des armes? si nous ne le pouvions pas, nous laissions donc surgir de tous ces événements, des complications, des difficultés inextricables qui eussent embrassé l'Europe, et bouleversé tous les principes de la diplomatie ; il fallait seulement pour qu'elles survinssent peut-être un peu plus d'assurance chez l'Autriche, et un peu moins de fidélité à sa prudence traditionnelle ; pourquoi, par exemple, la Russie ne serait-elle pas venue à Naples, puisque nous étions allés en Portugal pour la même cause? dans ce cas la France aurait-elle pu rester neutre? nouvelle alliée de l'Autriche, se serait-elle tournée contre l'Angleterre, devenue tutrice des peuples faibles, ou pour ne pas fouler aux pieds ses principes, aurait-elle recherché encore une fois une alliance naguère brisée avec tant d'indifférence? Vous le voyez, elle ne pouvait avoir qu'une politique ambiguë. Fallait-il plutôt que la France déclarât hautement qu'elle observerait une neutralité complète? Dans ce cas elle laissait la Russie faire à son gré la police à nos portes, réduire peut-être la Suisse, étouffer la renaissance de l'Italie, ajouter à la force de son empire barbare notre influence perdue, et s'habituer à régenter l'Europe. Alors que devient la civilisation avec la Russie pour arbitre, que devient la liberté en face de la suprématie, que devient la France avec ses frontières dégarnies, sans alliés, et privée de tous ses avant-postes, de ses membres pour ainsi dire ; la guerre ne se retrouve-t-elle pas mise sans cesse à l'ordre du jour ; et qu'est-ce que la guerre pour un peuple sans alliés, sans sympathies, sans l'estime de ses adversaires, ce que nous n'avons jamais perdu ; qu'est-ce que la guerre pour un peuple qui s'est abatardi et contrefait, qui a appauvri son sang et qui a semé dans son sein toutes sortes de défiances et de germes de discorde. Les barbares n'auraient-ils pas encore une fois bouleversé l'Europe ?

Avec la République, au contraire, la face du monde prend un caractère plus différent, plus harmonique même ; la civilisation reprend tous ses droits, et la liberté tous ses points d'appui partout où elle les trouve ; la guerre enfin devient juste et sainte ;

d'abord elle intéresse profondément chaque citoyen, parce qu'il voit dans son cours la propagation des vérités éternelles qui font sa foi ; c'est une guerre de religion, qui passionne toutes les âmes, et les réunit par des liens indissolubles ; ensuite ces vérités qui font notre force pénètrent les armées étrangères, les divisent, et portent dans leurs rangs le découragement et la discorde.

En même temps, nous avons des alliés, des nations, sœurs et amies qui couvrent nos foyers découverts, arrêtent les cohortes ennemies, ou rendent leur marche plus difficile et plus lente ; nous avons partout de l'occident à l'orient des sympathies qui dissimulent nos revers, les soulagent, ou renchérissent sur nos victoires, et portent au plus loin les bruits de nos triomphes.

Mais il est inutile d'aller plus loin dans ces détails ; la République n'aura pas la guerre, car son œuvre est une œuvre providentielle, et le Dieu des batailles la protégera ; c'est une œuvre providentielle ; voyez plutôt, lorsque Pie IX, inaugurait sur le trône de Saint-Pierre la majesté d'un esprit nouveau, et les hardiesses périlleuses d'une carrière nouvelle, le monde battit des mains et s'écria qu'il était l'envoyé de Dieu ; le gouvernement de la France seul, toujours froid et pusillanime, essaya de jeter

dans son cœur des allarmes et des découragemcnts,
il se retira de lui ; mais la mission du courageux
pontife était une mission de Dieu, et la France devait
se trouver au premier rang à côté de lui ; Dieu le
voulait ; voilà pourquoi il vient de briser ses entra-
ves , et la voilà aussi spontanément, aussi miracu-
leusement qu'avait été restauré le trône de Saint-
Pierre, renouvelée à son tour, et prête à obéir de
toutes ses forces aux ordres de Dieu.

La tâche qu'elle a à remplir n'est pas sans peine ;
Dieu a dit : aide toi, le ciel t'aidera ; il faut nous
aider de toutes nos forces ; le travail ne consiste pas
pour nous à agir seulement sur l'extérieur, mais
encore au milieu de nous mêmes ; il faut restaurer
la vie sociale, il faut la conduire vers l'accomplissement de la fraternité ; la vie publique n'existe pas
en France ; hors de ses foyers, le citoyen ne reçoit
ni fraternité, ni protection ; il est obligé de renfer-
mer en lui-même ses tendances et ses aspirations,
en sorte que la famille aboutit en dernier terme à
l'isolement, à l'égoïsme et à l'antagonisme des inté-
rêts. Ce qui manquait hier à la France, c'était la
vie, la vie véritable, la vie chaude, active et noble-
ment passionnée ; c'était l'esprit de vérité qui suc-
combait sous la nécessité de sacrifier à l'esprit de
mensonge ; c'était l'esprit d'union et de solidarité

sans lequel il n'y a que paralysie et lassitude. Hier cette France, naguère si active, si bouillante, semblait tourner vers l'immobilité et le sommeil à la façon musulmane ; chez elle on n'aspirait plus en quelque sorte qu'à la vie contemplative ; au riche seul qui se reposait et jouissait, respect et considération.

Mais le réveil est arrivé, il amène un jour nouveau ; c'est à nous seuls qu'il appartient d'en écarter les orages, et de lui donner une durée calme et sereine. Reprenons l'œuvre de nos pères ; ils ont répandu autour de nous tous les germes de la démocratie ; il ne s'agit plus que de favoriser leur développement et de les débarrasser des ronces et des parasites.

Par exemple, si la commune est la base de l'état, que l'élection vraie et consciencieuse devienne la base du gouvernement républicain, vous avez des idées, des tendances, des aspirations ; venez par ce moyen les produire au grand jour, ne concentrez plus en vous-même une volonté qui s'usait dans le silence. Vous avez des conseils généraux, fortifiez-les ; réunissez-vous autour d'eux comme autour d'un centre d'action ; faites qu'ils puissent s'appuyer sur vous au lieu de s'agiter vainement dans la solitude, livrés comme autrefois à l'oppression et à l'impuissance. Vos municipalités, vos conseils généraux, et vos autres institutions sont comme des artères qui font circuler du centre à la circonférence la vie politique; le signe du déclin pour un état, c'est d'abord la concentration des forces, puis le défaut de rayonnement de la puissance vers la circonférence. Voulez-vous qu'il n'arrive pas ce déclin? travaillez alors à ce rayonnement, à cette expansion des idées et des sentiments; si vous ne mettez pas la main à l'œuvre, vous retomberez sous le joug de la centralisation, vous favoriserez par votre inaction la lutte des partis qui s'imaginent qu'il ne faut que saisir le gouvernail pour diriger capricieusement le vaisseau de l'état.

Nul ne peut offrir plus de garanties au gouvernement républicain, que les populations agricoles; elles peuvent être considérées comme une de plus grandes conditions de l'équilibre gouvernemental. Elles vivent depuis long temps de la vie de la liberté, car leur travail est le travail libre par excellence; elles n'ont à réclamer du pouvoir ni faveurs ni priviléges; elles ne lui doivent rien; au contraire, elles lui reprocheraient plutôt d'avoir été abandonnées et dédaignées toujours. Aujourd'hui on réclame, outre l'assistance de leur travail, celle de leur intelligence, de leurs opinions libres; on les appelle vers

la vie politique; car il est injuste et même dange-
reux que les quinze millions d'individus qu'elles
comprennent n'aient aucune part au travail de ré-
génération qui commence ; cette masse d'hommes
doit avoir une fonction dans l'état pour produire en
dehors d'elle-même toutes les vertus, toutes les
facultés qu'elle renferme et qui se trouvaient per-
dues pour la nation et pour la liberté; il faut qu'elle
cesse enfin de constituer un piédestal inerte sur lequel s'élevait un monde de privilégiés et de parasites;
il faut qu'elle participe aux jouissances intellectuel-
les, aux entretiens de la presse, à la répartition du
pouvoir, il faut qu'elle sache en un mot ce qu'elle
est et où elle va ; c'est pour elle un devoir religieux.

Pour cela que faut-il? la foi d'abord; mais la ma-
gnificence des événements, la grandeur de la mission l'imposent forcément ; le doute s'évanouit bien-
tôt quand il s'agit de choisir entre la vie et la mort:
la résignation vient à la suite de la foi; la force,
nous l'avons tous ; l'abnégation, l'oubli de nos per-
sonnalités, nous les acquerrons bien vite, en nous
habituant à sacrifier, sur l'autel de la patrie, nos
vanités, nos antipathies et nos défiances.

L'œuvre de la France n'est pas une œuvre na-
tionale, c'est une œuvre humanitaire ; son but final
c'est la réintégration de la dignité humaine chez

toutes les nations ; c'est plus encore, c'est leur affranchissement du péché originel. Voilà pourquoi elle intéresse tous les hommes ; aujourd'hui il nous faut prendre la croix, et comme de nouveaux disciples du Christ, répandre partout le règne de l'amour, de la sagesse et de la vérité.

Que si nous nous livrons, au contraire, aux sophismes des passions, aux fausses terreurs de l'égoïsme, aux luttes engagées entre les vanités ambitieuses ; que si nous nous rendormons encore une fois sur l'oreiller de l'indifférence, et dans les douceurs de nos satisfactions personnelles, nous retomberons rapidement dans les faiblesses, et les agitations puériles d'une vieillesse décrépite, et nous subirons à la fin le sort de Rome et de Byzance, nous nous effacerons de la terre.

Dieu se sera retiré de la France ; elle restera dès lors isolée à l'Occident comme une sainte Hélène, comme une planète éteinte, laissant faire aux hommes du nord la flagellation des peuples, et la conquête de la terre.

La France fait donc aujourd'hui son dernier effort !

14 mars. Dr LHUILLIER.

Nancy. — Typ. et Lith. de NICOLAS, passage du Casino.